Bibliografische Information der Deutschen Nationalbibliothek:

Die Deutsche Bibliothek verzeichnet diese Publikation in der Deutschen National-
bibliografie; detaillierte bibliografische Daten sind im Internet über http://dnb.d-
nb.de/ abrufbar.

Impressum:

Copyright © 2015 GRIN Verlag
Druck und Bindung: Books on Demand GmbH, Norderstedt Germany
ISBN: 9783668658332

Dieses Buch bei GRIN:

https://www.grin.com/document/415724

Patrice Fankhänel

Eignen sich moderne Orientierungsläufe für die Schule?

GRIN Verlag

Leibniz Universität Hannover

Institut für Sportwissenschaft

WiSe 2012/13

Seminar: Spezielle sportpädagogische Aspekte A
- Laufevents inszenieren

Orientierungsläufe in der Schule

Ein Natursport mit zahlreichen Facetten

Vorgelegt von: Patrice Fankhänel

Studiengang: FüBa Mathematik/Sport 7. Semester

Datum 15.01.2015

Inhaltsverzeichnis

1 Einleitung

Eine Sportart mit viel Abwechslung und schier unbegrenzten Variationsmöglichkeiten, außerhalb von Sporthallen und klassischen Sportunterricht. Klingt diese Sportart nicht interessant? Bereits 1978 haben Hartmann und Cornaz (vgl. S. 10) festgestellt, dass Menschen einen wesentlichen Teil ihrer Freizeit dafür aufwenden müssen, um eine passiv ablaufende Entmüdung mithilfe von Sport entgegenzuwirken. Dies gilt für Erwachsene, ebenso wie für Kinder, die unter dem heutigen Leistungsdruck und -gedanken zerbrechen zu scheinen.

Der Mangel an Bewegung und das dauerhafte Sitzen (vgl. Bannert, 2013) macht krank. Gesunde Freizeitaktivitäten bleiben aus und die Natur wird sich lieber im Fernseher angeschaut, als sie selbstständig und in realitätsnah zu erkunden und zu erleben. „3,2 Stunden verbringt der Durchschnittsdeutsche täglich vor Fernseher, Laptop, Tablet und Co" (Bannert, 2013). Die aktuellen Entwicklungen sind besorgniserregend und müssen in Hinblick auf die eigene Gesundheit von jedem Individuum selbstständig in Angriff genommen werden.

Wieso hierbei nicht einen simplen Spaziergang ein wenig abwandeln? Der Orientierungslauf „spricht nicht nur körperliche sondern auch intellektuelle und soziale Kompetenzen an" (Hnilica & Hnilica, 2001). Genau diese Beschreibung könnte viele Menschen vom Sofa vertreiben und ihre Freizeit mehrperspektivisch verbringen lassen. Es können die eigene Region und Landschaft genauer erkundet werden und Eindrücke gewonnen werden, die Kraft für das Arbeits- bzw. Schulleben freisetzen. Es gibt bereits eine verwandte Sport- bzw. Freizeitaktivität namens „Geocatching", welche sich seit Anfang dieses Jahrtausends auch in Deutschland einer breiten Fan-Kultur erfreuen kann. Das Geocatching kann als eine moderne Schatzsuche in der Natur und Stadt beschrieben werden. Der Spaß am Unterwegssein und Draußensein hat eine bedeutende Rolle bei dieser Art von Hobby (vgl. Geocatching.de, 2012).

Der moderne Orientierungslauf in allen Facetten hat noch nicht den gleichen Zuspruch wie das Geocatching, kann aber in der Schule, sowie in der Freizeit ebenfalls attraktiv genutzt werden um Sport „einmal anders" durchzuführen. Der Verbund von Orientierungssinn und der Komponente Natur kann auch viele uninteressierte Sportler in den Bann ziehen und zu Sport bewegen.

1.1 Fragestellung, Ziele und Relevanz

In dieser Hausarbeit soll es sich um das Orientierungslaufen in der Natur, aber auch in der Schule, mit allen Facetten, handeln. Hierbei sollen alle allgemeinen Umstände, wie z.B. Gelände- und Kartenkunde, aber auch ein konkretes Beispiel für die Schule beschrieben werden. Des Weiteren werden die Hilfsmittel und gegebenenfalls eine Zusatzausbildung im Umgang mit diesen genauer betrachtet.

Am Ende soll verständlich werden, ob sich der moderne Orientierungslauf für die Schule eignet oder nicht.

Kann das Laufen im Freien nach gewissen Regeln überhaupt im Klassenverbund durchgeführt werden? Entstehen Gefahren, welche vorher genau abgewägt werden müssen?

Bevor diese Fragen beantwortet werden, befasst sich diese Hausarbeit erst einmal mit der historischen Entstehung des Orientierungslaufens.

1.2 Historischer Hintergrund

Auch vor rund 150 Jahren haben sich Philosophen wie J.J. Rousseau mit dem Thema „Sport und Natur" befasst und so kam es, das es um die Jahrhundertwende des 19./20. Jahrhunderts zu den ersten Orientierungsläufen in unserem Sinn gekommen ist (vgl. Holloway & Mumme, 1987, S.11). Die ersten Läufe waren fast ausschließlich geprägt von militärischen Läufern. 1919 führte dann der schwedische Leichtathletikverband in der Umgebung von Stockholm den ersten offiziellen Orientierungslauf durch. Von 202 Teilnehmern erreichten trotz schlechtem Wetter 140 begeisterte Sportler das Ziel (vgl. Krauß, 1979, S. 13).

Dieses Ereignis kann als Startschuss einer expansiven Entwicklung in dieser Sportart gesehen werden. Daraufhin entstand die IOF (International Orienteering Federation), die wie ein internationaler Dachverband anzusehen ist. Es entstanden erste Länderkämpfe in den anschließenden Jahrzehnten, beginnend in Skandinavien. Die Ausbreitung der Sportart nahm rasch zu und konnte ihren Weg nach dem 2. Weltkrieg auch nach Deutschland finden.

Die Entwicklung des Orientierungslaufens verlief im getrennten Deutschland parallel, aber ähnlich ab. Während in der BRD seit 1963 die Deutschen Orientierungslauf-Meisterschaften jährlich durchgeführt werden, ist in der DDR das Orientierungslaufen aus der Tradition des Arbeitersports entstanden, die 1956 ihre erste DDR-Meisterschaft in dieser Sportart hatte.

In Deutschland steht die Sportart unter der Obhut des Deutschen Turner-Bundes (DTB). Sie hat ihren paramilitärischen Ruf mittlerweile fast vollkommen abgelegt und wirbt zurzeit zahlreiche junge Athleten[1] für den deutschen Kader an.

2008 fand die erste deutsche Sprint-Meisterschaft in Hannover statt und mittlerweile wird zwischen klassischer, Sprint-, Mittel-, Lang- und Ultralangdistanz unterschieden. Des Weiteren gibt es Staffel- und Mannschaftswettbewerbe, welches die Attraktivität noch einmal steigern soll.

2 Allgemeine Fakten zum Orientierungslauf

Um im Folgenden weiterhin mit einer Definition zu arbeiten, wird an dieser Stelle erst einmal die Sportart Orientierungslaufen für diese Hausarbeit definiert:

> „Beim Orientierungslauf (OL) werden mit Hilfe von Karte und Kompass mehrere Kontrollpunkte (so genannte Posten) im Gelände der Reihe nach angelaufen. Die Standorte dieser Posten sind in einer speziellen Orientierungslaufkarte eingezeichnet. In der Regel sind die Posten zu einer Bahn verbunden und müssen in der vorgegebenen Reihenfolge angelaufen werden. Ziel beim Orientierungslauf ist es, die komplette Bahn in der schnellsten Zeit zu bewältigen" (DTB, 2014).

Die Anwesenheit eines Läufers an einem Posten im Wettkampf wird mit Hilfe von elektronischen Chips quittiert, so dass genau nachzuvollziehen, ob und wann der Läufer an einem Posten war. Um die Posten schneller zu finden benutzen die meisten Wettkämpfer einen speziellen OL-Kompass, der beim Laufen besser einzusehen ist. Die Sprintdistanz (s.o.) ist die zuschauerfreundlichste Form des Wettkampfes. Zumeist wird bei Sprint-OL in Parks oder Städten gestartet. „OL ist eine Sportart für alle Alters- und Fitnessklassen, [...]" (DTB, 2014), da nicht immer der stärkste gewinnt, sondern derjenige, der sich am besten orientieren und dazu noch laufen kann.

Neben dem Wettkampfmodell bestehen auch zahlreiche Festpostennetze, welche als Trainingsdistanz oder einfach nur zum Spaß abgelaufen werden können. Im Vordergrund können beim Ablaufen oder Abgehen dieses Netzes der Spaß und das Erlebnis in und mit der Natur stehen. Die Posten sind zum größten Teil orange-weiß oder orange-rot gefärbt und bestehen aus Stein oder Metall.

---

[1] Zur sprachlichen Vereinfachung wird auf die weibliche Form im der gesamten Hausarbeit verzichtet.

Abbildung 1: Festposten
DTB. (2014)

2.1 Das Gelände und die Geländewahl

Das Orientierungslaufen wird in der freien Natur ausgeübt und kann vereinzelnd zum Üben mit Schulklassen auch im Schulgebäude thematisch eingeführt werden. Zumeist werden im dichtbesiedelten Europa große Waldflächen als Trainings- und Wettkampfort ausgewählt. Die Orientierung kann durch häufig wechselnde Vegetation und durch ein dichtes Wegenetz stark begünstigt werden (vgl. Seiler, 1990, S.20).

Günther Kreft (1988, S.16) vergleicht Orientierungsläufer mit Langstreckenläufern, welcher durch ständig wechselndes Gelände einem hohen Anforderungsprofil ausgesetzt ist. Die Laufform wird durch hohe Belastungen und kurze Pausen gekennzeichnet, wodurch sie einem Intervalllauf sehr ähnelt. Durch die häufig vorkommenden anaeroben Belastungsreize ist eine geeignete Routenwahl unumgänglich um gute Resultate zu erreichen und sich nicht unnötig zu verausgaben.

Die Auswahl der Route hat eine besonders große Bedeutung bei hügeligem oder stark strukturiertem Gelände. Die Vermeidung von unnötigen Anstiegen oder schwer durchquerbaren Flächen ist hier entscheidend für die Laufroute. Es müssen auch Hindernisse wie Zäune, Flüsse oder Seen berücksichtigt werden. All diese Einflussgrößen lassen den Läufer Alternativen definieren, die er im Anschluss bewertet und sich danach für die beste Route entscheidet. Die Auswahl der richtigen Route bereitet den meisten Sportlern viele Schwierigkeiten, da es häufig sehr viele Unsicherheitsfaktoren in der Routenbewertung gibt. Die Informationen über das Gelände stammen meistens nur von der OL-Karte, welche veraltet sein kann oder nicht aktuelle Hindernisse beinhaltet. Je nach Bewertung wird dann entweder die kürzeste, sicherste oder kraftsparendste Route gewählt (vgl. Dresel et al, 1989, S.30).

Die Entscheidung hängt alleinig vom Charakter und Entscheidungsverhalten des Orientierungsläufers ab. Der beschriebene Prozess lässt einen gewissen Nervenkitzel entstehen und erfordert auch gewisses Maß an Risikobereitschaft.

2.2 Aufgaben- und Zielstellung

Die Aufgabenstellung beim Orientierungslaufen definiert sich nahezu von selbst. Der Läufer muss nach einer Vorbereitungsphase, in der die Route gewählt wird, vorbestimmte Punkte im Gelände ablaufen. Meistens ist die Reihenfolge der Posten vorgegeben. Eine vollständige Route, vom Start über die Reihe der anzulaufenden Posten bis zum Ziel wird „OL-Bahn" genannt (vgl. Seiler, 1990).

Die Zielsetzung kann aber auch anders gewählt werden. Gerade im Schulsport ist es mit wachsender Klassenstärke nicht ratsam alle Schüler zeitgleich zum selben Posten laufen zu lassen. Dabei könnte die Orientierungskomponente komplett egalisiert werden, da die Schüler wie eine Kette aufgereiht hintereinander herlaufen würden. Hier bieten sich zahlreiche Variationsmöglichkeiten an. Es kann zum Beispiel in Form eines Sterns gelaufen werden, so dass die Schüler nach jedem erreichten Posten wieder zu einem Sammelpunkt zurücklaufen müssen (Abb.2). Die Lehrperson hat somit einen guten Überblick über das gesamte Geschehen und kann Rückmeldungen von den Schülern erhalten.

Eine weitere Variante wäre der sog. „Schmetterlings-OL" bei dem mehrere OL-Bahnen auswählbar sind und nacheinander abgelaufen werden sollen (Abb. 3). Auch bei dieser Modifikation der Strecke wird die Klasse sehr stark zersplittert und jeder Schüler kann seine ganz eigene Route wählen (vgl. Sportunterricht.de, 2004).

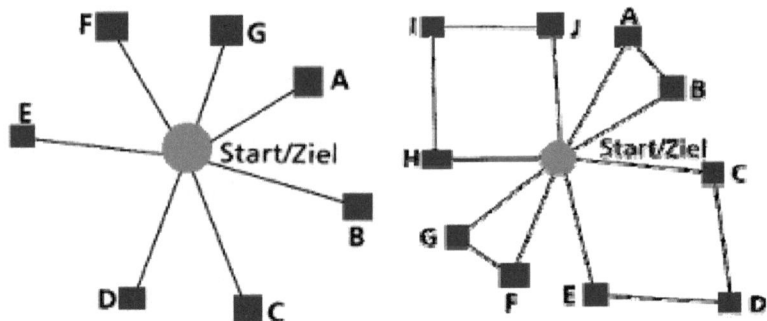

Abbildung 2: Stern-Orientierungslauf
Sportunterricht.de. (2004)

Abbildung 3: Schmetterlings-Orientierungslauf
Sportunterricht.de. (2004)

Der Vielfalt sind bei der Routenauswahl kaum Grenzen gesetzt. Die meisten Einschränkungen müssen diesbezüglich der natürlichen Gegebenheiten gemacht werden. Eine Schulklasse in urbanen Gelände muss ja schließlich auch überwacht werden, da es sonst zu Unfällen kommen kann.

2.3 Leistungsfeststellung

In der Wettkampfform entscheiden dann über Sieg und Niederlage die Ankunftszeit und das vollständige Ablaufen aller Posten muss zusätzlich erfüllt sein. In Deutschland benötigt der Orientierungsläufer, egal welcher Kategorie er startet, eine zentrale Startpassdatei bzw. einen Startpass, welcher vom deutschen Turn-Bund ausgehändigt wird.

In Schul-Orientierungsläufen kann man wiederum ein breites Spektrum zum Auswerten anwenden. Vordergründlich soll es sich um die Entwicklung von Spaß handeln. Außerdem können natursportliche Erfahrungen auch als Kompensation von gesellschaftlichem Druck dienen. Die Menschen sehnen sich nach Erlebnissen und der Natursport kann diesen Drang befriedigen (vgl. Balz & Kuhlmann, 2012).

Es gilt demnach nicht immer nur den Schnellsten oder Besten hervorzuheben, sondern das Erlebnis als Leistung anzusehen. Hierbei ist die Lehrperson didaktisch gefragt. Sie muss den Schülern vor Augen führen, dass die Natur zahlreiche Möglichkeiten für Spaß bietet. Nicht nur das Handy-Spielen oder das Fernsehen kann hier den Erlebnisdrang befriedigen. Dieses Bewusstsein zu entwickeln und zu fördern, gehört zu den schwersten Aufgaben des heutigen Lehrerberufes.

Eine Siegerehrung sollte dennoch nicht ausbleiben, da Kinder sich nach Leistungsmessung und -beurteilung ebenso wie nach Spaß sehnen.

Doch wie kommt es zu Unterschieden zwischen den einzelnen Laufzeiten? Natürlich entscheidet die Fitness und Laufkomponente sehr stark über das jeweilige Abschneiden, jedoch kann der Orientierungsfaktor nicht außer Acht gelassen werden.

3   Hilfsmittel beim Orientieren

Jeder Orientierungsläufer, auch wenn es Schüler sind, sollte vor einem Lauf gründlich in Karte und Kompass eingewiesen werden. Diese beiden Hilfsmittel sind essentiell beim Orientieren und können in Kombination ein nahezu perfektes Zurechtfinden in jedem Gelände sicherstellen.

Diese Hilfsmittel sind in Schulen nicht immer in der nötigen Anzahl vorhanden und falls die Lehrperson nicht gerade ein ehemaliger Militär ist, kann es schwierig und teuer werden die benötigte Anzahl an Kompassen zu besorgen.

In solchen Situationen kann es hilfreich sein bestehende Naturgegebenheiten richtig deuten zu können.

3.1   Naturgegebenheiten

In diesem Bereich können einige Schüler auch fächerübergreifend wissen beitragen. So ist die Sonne und ihr Verlauf eine willkommene Orientierungshilfe, solange sie am Himmel zu sehen ist. Denn „kluge Köpfe im Team" (Heinen & Keller, 2014, S. 4) wissen, dass die Sonne nach einem bestimmten Verlauf am Tag eine Auskunft über die Himmelsrichtung geben kann. Die Sonne geht im Osten auf und nimmt im Süden ihren Lauf, so dass sie in der Mittagszeit dort zu sehen ist. Im Westen geht sie unter und im Norden ist sie niemals zu sehen. Als Groborientierung dient dieser Leitfaden natürlich, jedoch birgt er auch Ungenauigkeiten in sich. Die Sonne ist mittags um 12 Uhr nicht an jedem Ort genau im Süden, beispielsweise ist die Sonne im Westen Deutschlands erst halb eins im Süden.

Dieses Wissen kann natürlich nur genutzt werden, wenn die Gruppe bzw. der Läufer auch eine Uhr besitzt. Ist dies nicht der Fall, kann noch auf andere Hilfen zurückgegriffen werden.

In den gemäßigten Breitengraden weht zumeist ein Westwind, welcher Bäume in die Ostrichtung neigen lässt. Des Weiteren ist die Westseite eines Hauses oder Baumes auch als sog. „Wetterseite" bekannt. An dieser Seite sind Hauswände oft dreckiger und an den Bäumen wächst mehr Moos.

Eine weitere Orientierungshilfe in urbanem Gebiet können alte Kirchen sein. Diese sind so gebaut, dass der Altar nach Osten zeigt.

Wenn sich nachts orientieren werden sollte, z.B. auf einer Wanderung im Rahmen einer Klassenfahrt, können die Sterne verwendet werden. Der Polarstern, welcher im Sternbild „kleiner Wagen" bzw. „kleiner Bär" enthalten ist, zeigt immer nach Norden und ist sehr hell am Himmel (vgl. wdr.de, 2014).

Die bis jetzt genannten Hilfsmittel beim Orientieren sind Zusatzhilfen. Die eigentlichen Orientierungsmittel bleiben die OL-Karte und der Kompass.

3.2   Die OL-Karte

Eine sorgfältige Einweisung in die OL-Karte ist dringend notwendig um sich richtig im Gelände orientieren zu können. Das Kartenmaterial wurde explizit für den OL-Wettkampf geschaffen und sollte den spezifischen Anforderungen eines Orientierungsläufers angepasst sein. Dies bedeutet, dass die Karte eine gute Lesbarkeit (starke Kontraste), Detailreichtum und einen besonders großen Maßstab (1:10000, 1:15000) besitzt. In Sprinttriathlons werden sogar Maßstäbe 1:4000 und 1:5000 (Siehe Abbildung 4) verwendet. Durch die detaillierten Karteninformationen wird der Wettkampf fairer, da die Anzahl der Zufallsfaktoren durch die Informationsdichte minimiert wird. Es kann sich durch gute Kartenkunde eines Orientierungsläufers also ein Vorteil verschafft werden. Es können z.B. die Dickichte abgelesen werden und in die Planung der Laufroute einbezogen werden. Demnach gewinnt nicht der Glückspilz, sondern der beste Kartenleser, der mit einer soliden Ausdauer und Laufstärke ausgestattet ist (vgl. Hanselmann, 1980, S. 13).

Im Sportunterricht sollten, wenn möglich, auch OL-Spezialkarten Verwendung finden. Falls kein Zugriff zu solche Karten besteht, kann mittlerweile auch auf Software-Kartenprogrammen, wie „googlemap" zugegriffen werden. Eine Orientierung in einem bekannten Gebiet kann dabei auch ohne hohen Detailreichtum gewährleistet werden. Die Schüler kennen sich manchmal besser aus, als die Lehrkraft vermutet.

Als Erstes muss die Karte lagerichtig ausgerichtet werden. Dafür werden der eigene Standort und ein bis zwei weitere markante Punkte im Gelände benötigt. Diese grundlegende Technik ist für jedes Orientieren unverzichtbar.

Sollte beim Laufen ein Richtungswechsel zustande kommen, so wird die Karte immer

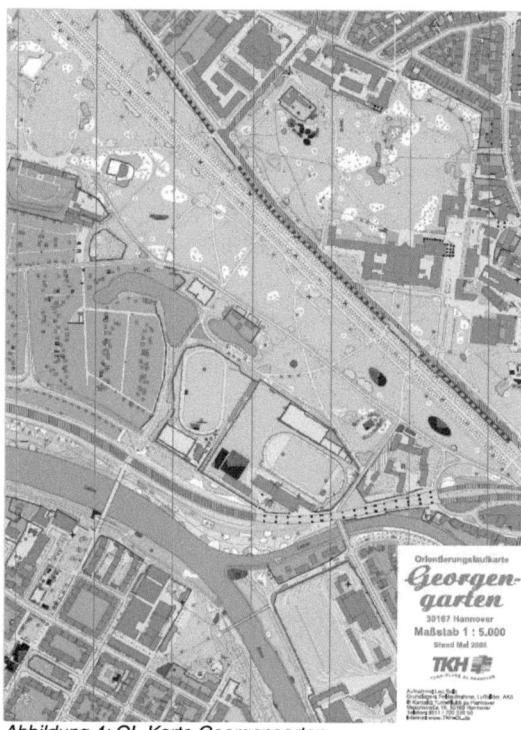

Abbildung 4: OL-Karte Georgengarten
tkh-ol.de. (2008)

eingenordet (Siehe Kap. 3.3) im sog. Daumengriff gehalten. Dies hat zur Folge, dass sich nur der Läufer dreht und die Karte konstant in ihrer Ausrichtung bleibt. Hierbei zeigt der Daumen immer auf den aktuellen Standort. Vorher kann die OL-Karte zu einem Postkartenformat gefaltet werden, damit sie handlicher ist.

Weiterhin muss der Läufer stets Gelände und Karteninformationen abgleichen, so dass niemals der Kontakt zur Karte verloren geht (vgl. Daschiel et al, 2013, S.15).

3.3 Der Kompass

Ein Kompass zeigt die Richtung an in der Norden liegt. Hanselmann (vgl. 1980, S. 23) stellte heraus, dass er kein Wundermittel ist und lediglich ein Hilfsmittel zur allgemeinen Richtungskontrolle.

Die Besonderheiten eines OL-Kompasses sind in Abbildung 5 genau zu erkennen. Es existiert eine Daumenschlaufe, die es ermöglicht den Kompass beim Laufen besser im Auge zu behalten. Des Weiteren gibt es zwei Skalen, mit denen durch schnelles Anlegen an die Karte Entfernung gemessen werden können.

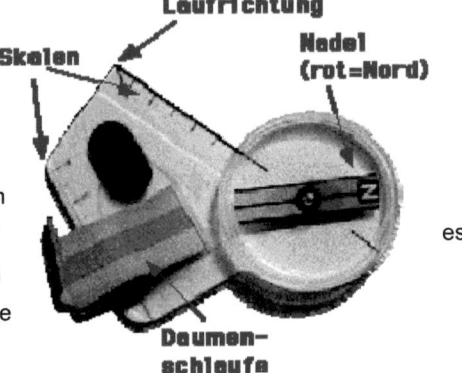

Abbildung 5: Daumenkompass orientierungslauf.net. (2014)

Die Verbindung mit der Karte macht den Kompass besonders wertvoll. Durch das Auflegen des Kompasses auf die Karte und anschließendem Drehen, solange bis die Kompassnadel und die Nordlinien in die dieselbe Richtung zeigen, kann die Karte eingenordet werden.

Diese Fertigkeit muss gelernt und geübt werden, da ein lagerichtiges Ausrichten der Karte anhand des Geländes (Siehe Kap. 3.2) nicht immer möglich ist.

In der Schule ist ein Kompass für jeden Schüler keine unbedingte Pflicht, kann jedoch fächerübergreifend mit dem Fach Erdkunde sehr gut genutzt werden.

Es gibt auch OL-Formen, wie den sog. „Kompassblindflug"

> „[…]bei der auf der OL-Karte lediglich der Start, das Ziel, die Posten, die Nordlinie, der Maßstab und die Postenbeschreibungen eingezeichnet sind. Die Schüler finden die Posten mittels Kompass und Schätzen des Abstandes oder Schrittezählen. Der Kompassblindflug wird als Stern-OL in übersichtlichem Gelände (Halle, Sportplatz, Wiese) geübt" (Daschiel et al, 2013, S.16).

Somit ist der Kompass für Kinder und Schüler eine willkommene Abwechslung zum Alltag und sie können sich einmal ausprobieren, wie es ist ein echter OL-Sportler zu sein. Dieser benötigt ihn dringend und ist ohne ihn im Wettkampf nur halb so schnell beim Orientieren.

4 Beispiel einer doppelstündigen Unterrichtseinheit - Stern-OL

Im Rahmen dieser Hausarbeit soll nun eine Doppelstunde als Einstieg in den Orientierungssport dargestellt werden. Der Stern-OL soll in diesem Abschnitt die ausgewählte OL-Form sein.

Doch bevor es in den praktischen Teil gehen soll, benötigen die Schüler eine theoretische Einweisung und die Lehrperson muss zahlreiche Vorbereitungen treffen.

4.1 Vorbereitung

Zu den Aufgaben einer Lehrkraft gehört es, eine sichere Durchführung des OLs zu gewährleisten. Sie sollte die OL-Bahn kontinuierlich und aktiv beaufsichtigen können. Falls dies nicht zu garantieren ist, muss präventiv über Gefahrenstellen wie z.B. den Verkehr gesprochen werden. Prävention kann auch schon bei der Geländewahl betrieben werden. Ein übersichtlicher Standort für den OL, ohne große Gefahrenzonen und durch markante Linien begrenzt, kann viele Gefahren schon vor der Entstehung vermeiden. Weiterhin sollten der laufende Schulbetrieb, sowie sensible Bereiche, wie z.B. das Direktorat oder Lagerräume gemieden werden. In der Stunde sollte der OL für alle Schüler mündlich für das nächste Stundenthema bekanntgegeben werden. Die Lehrkraft kann diesbezüglich Empfehlungen zu Kleidung aussprechen. Eine lange Hose und Socken, welche über die Hosen gezogen werden können, sind aufgrund von Zeckengefahr ratsam.

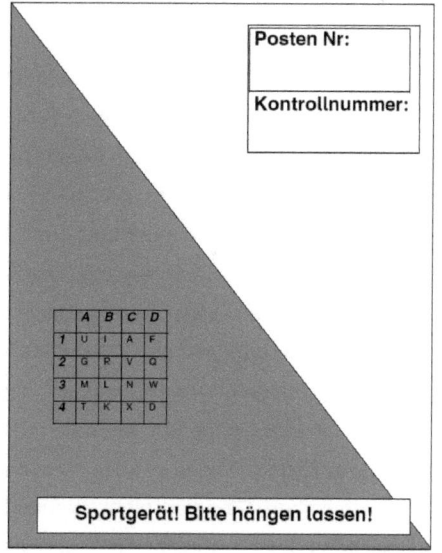

Abbildung 6: Folienposten
Daschiel et al. (2013)

Des Weiteren sollten geländetaugliche Schuhe oder zu mindestens Laufschuhe getragen werden. Wenn Schüler Sportuhren oder sogar Kompasse besitzen, können diese natürlich mitgebracht werden.

Der Rest der Vorbereitungen obliegt dem Lehrer. Die Postennetzkarte und die verschiedenen OL-Karten für die Schüler müssen von ihm vorbereitet und im Unterricht bereitgehalten werden. Jede Karte wird mit dem Start-/Ziel-Punkt und jeweils einem anderen nummerierten Posten beschriftet.

In der Unterrichtsstunde müssen dann nur noch die Quittierungsmöglichkeiten an den Posten verteilt werden und die Folienposten (Siehe Abb. 6) sorgfältig und gut sichtbar angebracht werden. Um Zeit zu sparen kann die Lehrperson das Stecken der Posten auch den Schülern überlassen. Sie muss nur darauf hinweisen, dass der Posten nicht versteckt werden soll und bei Fragen wo genau sich der Postenstandort befindet etwas genauer sein.

Die Quittierung kann mit Hilfe von Stempeln, Lochzangen oder Rätseln geschehen. Die Schüler benötigen dann nur noch Kontrollkarten und schon kann es losgehen (vgl. Daschiel et al, 2013, S. 20).

4.2 Durchführung

Anfangs sollten Gruppen eingeteilt werden oder durch Zufall beim Abzählen entstehen, so dass immer mindestens 2 Schüler zusammen den OL absolvieren.

Danach bekommt jedes Team eine OL-Karte, auf dem ihr erster Posten eingetragen ist, und eine Kontrollkarte. Im Anschluss können die Schüler dann ihre Karten lagerichtet und möglichst eingenordet ausrichten. Hierfür dürfen Hilfsanweisungen von der Lehrperson geäußert werden. Die Bestimmung des eigenen Standortes ist oftmals gar nicht so leicht wie zuerst gedacht.

Dies Alles dient zur erfolgreichen Durchführung des OLs für alle Teilnehmer.

Nachdem die „Wettkampf-Vorbereitungen" abgeschlossen wurden, kann der Startpfiff zum ersten Posten gegeben werden. Die Schüler sollen nach erfolgreichem Quittieren am ersten Posten wieder zurückkommen und mit anderen Gruppen die OL-Karten tauschen. Dies geschieht solange bis die Zeit abgelaufen ist.

Zum Ende des Laufes sammeln die Gruppen jeweils eine Postenfolie wieder ein.

4.3 Auswertung

Die Auswertung erfolgt je nach Wetterlage am Mittelpunkt des Stern-OLs oder in einer überdachten, wärmeren Umgebung. Die eigentliche Siegerehrung ist natürlich abhängig von der Anzahl der erreichten Posten. Im Sinne des mehrperspektivischen Unterrichtes können auf den Folienposten aber auch Rätsel oder fachfremde

Informationen stehen. Diese können zu einem Lösungswort führen und dieses muss am Ende erraten und genannt werden.

Die verschiedenen Posten können auch mit einer unterschiedlichen Bepunktung versehen werden und somit wird eine Gewichtung eingeführt, die den Sieger nicht sofort erkennen lässt. Der Fantasie sind keine Grenzen gesetzt.

Eine Tatsache sollte die Lehrkraft trotzdem nicht vergessen vor allen Schüler zu erwähnen - Alle Schüler haben sich heute in der Natur bewegt und etwas für ihre Gesundheit getan. Sie haben im Team zusammengearbeitet und ein gemeinsames Ziel erreicht (vgl. Daschiel et al, 2013, S. 45).

5 Eignung des Orientierungslaufens im Schulsport

Eine Eignung für den Schulsport muss für den OL, als eine Variante des Ausdauersports, dringend ausgesprochen werden. Der Sport bietet zahlreiche Differenzierungsmöglichkeiten, welche vom Lehrer individuell auf den Klassenverband angepasst werden können.

Der inklusive Unterricht steht in den Startlöchern und genau hier für eignet sich der OL besonders gut. Getrost nach dem Motto: „Kinder, raus in die Natur!" (Weber, 2010) sollten angehende Lehrer und Pädagogen die Natur in ihre Stundenplanung aktiv mit einbeziehen. Das Laufen außerhalb des Schulgeländes und Erkunden von neuen Naturräumen deckt nahezu alle Sinnbezirke ab.

Gesundheit, Leistung, Eindruck, Miteinander, Ausdruck und Spannung werden durch die Vielfalt des OLs und durch die bereits erwähnten Variationsmöglichkeiten komplett in die Sportart integriert.

Abschließend lässt sich festhalten, dass der OL als Natursport nicht im Kerncurriculum genannt wird, jedoch durch die richtige Auslegung der zu vermittelnden Kompetenzen, voll und ganz seine Berechtigung finden kann. Die Lehrkraft muss sich nur etwas wagen und den Aufwand betreiben einen OL vorzubereiten.

Die Durchführung muss nicht zwangsläufig im Rahmen des Stundenplans ablaufen. Ein OL kann auch fächerübergreifend in einer Projektwoche oder bei einer Klassenfahrt ausgerichtet werden.

Der Fantasie des Lehrers sind in dieser Sportart wirklich keine Grenzen gesetzt und das macht sie so interessant und empfehlenswert.

Literaturverzeichnis

Balz, Eckart & Kuhlmann, Detlef. (2012). *Sportpädagogik*. (5.Auflage). Aachen. Meyer & Meyer Verlag.

Bannert, Andrea. (2013). *Krank durchs Dauersitzen*. Zugriff am 09.12.2014 unter http://www.sueddeutsche.de/gesundheit/studie-zu-bewegungsmangel-krank-durchs-dauersitzen-1.1734189

Daschiel, Angelika; Döhler, Ute; Roche, Jörg & Zangerl, Martin. (2013). *Orientierungslauf für die Schule: Klasse 1 – 12*. Donauwörth. Auer-Verlag.

Dresel, Uwe; Fach, Heinz Helge & Seiler, Roland. (1989). *Orientierungslauf. Training*. Derendingen. Habegger AG Druck und Verlag.

DTB. (2014). Orientierungslauf in der Schule. Zugriff am 09.12.2014 unter http://www.orientierungslauf.de/9/2

Geocatching.de. (2012). *Über das Hobby Geocatching*. Zugriff am 10.12.2014 unter http://www.geocaching.de/index.php/allgemeines/ueber-geocaching

Hartmann, Herbert & Cornaz, Stefan. (1978). *Orientierungslaufen (OL) als Freizeitsport in Schule und Verein*. Schorndorf. Verlag Karl Hofmann.

Hanselmann, Erich. (1980). *OL-ABC. Anleitung für den Orientierungslauf-Unterricht mit Jugendlichen*. Magglingen. Eidgenössische Turn- und Sportschule.

Heinen, Thomas & Keller, Silke (2014). Läufer und Ratefüchse im Wald. Einführung in den Orientierungslauf. *Sport & Spiel, 14 (2)*. 4-7.

Hnilica, Thomas & Hnilica, Sonja. (2001). *Orientierungslauf in der Schule*. Zugriff am 10.12.2014 unter http://www.oefol.at/intern/kommissionen/ausbildung/skripten/schul_ol_grundlagen.pdf

Holloway, Wilfred & Mumme, Jörg. (1987). *Orientierungslauf*. Reinbek. Rowohlt Taschenbuch Verlag GmbH.

Krauß, Erich. (1979). *Orientierungslauf*. Berlin. Sportverlag Berlin.

Kreft, Günther. (1988). *Orientierungslauf. Handbuch für Sportlehrer, Übungsleiter und Aktive*. Mainz. Verlag Hermann Schmidt.

Orientierungslauf.net. (2014). *Daumen-Kompass*. Zugriff am 11.01.2015 unter http://www.orientierungslauf.net/images/daumen_kompass.gif

Seiler, Roland. (1990). *Von Wegen und Umwegen. Informationsverarbeitung und Entscheidung im Orientierungslauf.* Köln. bps-Verlag.

Sportunterricht.de. (2004). Orientierungslauf. Zugriff am 06.01.2015 unter http://www.sportunterricht.de/sek2/kursdober/orientierungslauf1.html

tkh-ol.de. (2008). *Orientierungslaufkarte - Georgengarten.* Zugriff am 01.12.2012 unter http://www.tkh-ol.de/karten.html

wdr.de. (2015). *Wie kann man die Himmelsrichtung bestimmen.* Zugriff am 12.01.2015 unter http://www.wdr.de/tv/wissenmachtah/bibliothek/himmelsrichtung.php5

Weber, Andreas. (2010). *Kinder, raus in die Natur.* Zugriff am 15.01.2015 unter http://www.geo.de/GEO/natur/oekologie/kinder-raus-in-die-natur-64781.html

Abbildungsverzeichnis